7

LK 1240.

PÉTITION

DES HABITANS DE BOULOGNE,

A

S. Ex. LE MINISTRE DE L'INTÉRIEUR,

SUR

L'Arrêté relatif à la Police des Bains de mer;

SUIVIE DU

MÉMOIRE

DE M°. ISAMBERT,

Avocat aux Conseils du Roi et à la Cour de Cassation.

※

BOULOGNE,

Au Bureau du Franc-Parleur.

1827.

AVIS.

Dans le zèle constant qui nous anime pour les vrais intérêts des Boulonnais, nous livrons à la publicité les efforts que nous avons faits, et les mesures légales que nous avons prises afin d'obtenir le rapport d'un monopole, cédé en violation des principes du droit public.

C'est avec un juste orgueil que nous voyons un jurisconsulte célèbre, adopter les motifs que nous avons fait valoir dans le 1er n° de notre *Franc Parleur*, avant que la censure nous bâillonnât, et leur donner une nouvelle force par la manière neuve avec laquelle il attaque l'arrêté. L'activité, l'amour du bien et des libertés publiques, qui distinguent ce profond avocat, le rendent l'ami, le protecteur des opprimés, et en font un citoyen précieux dans un État constitutionnel, dont les principes sont si souvent mal compris de ceux qui devraient en être le plus pénétrés.

Jamais Me. Isambert n'a signalé et combattu une injustice ou une erreur, sans voir ses efforts couronnés du plus heureux succès, tant il joint à une dialectique pressante la profondeur de pensées. Les Ministres, la Cour de Cassation, les Tribunaux militaires ont tour-à-tour adopté ses opinions en matière de législation et de droit public. C'est à son courage, à son zèle infatigable, que les déportés de la Martinique doivent leur existence; que les Colons sont redevables de la protection des lois françaises, et que bientôt les militaires devront de ne plus expier dans les bagnes, une faute pour laquelle les autres citoyens n'ont que la prison.

C'est donc rendre un nouveau service à la chose publique, et particulièrement aux Boulonnais, que de publier le mémoire que cet honorable défenseur vient de présenter au Ministre; et nous nous plaisons à donner cette preuve de notre persévérance à servir une ville, où nous avons reçu enfin de si précieux encouragemens.

P^{re}. BARTHÉLÉMY.

A S. E. LE MINISTRE Secrétaire d'Etat au département de l'Intérieur.

Monseigneur,

Par son arrêté en date du 17 avril 1827, M. le Maire de Boulogne cède à M. Versial, propriétaire de l'établissement des bains, toute l'étendue de la plage où se sont pris jusqu'alors les bains de mer; il est expressément interdit à qui que ce soit d'y amener des voitures, des guérites, ni d'y établir des tentes. On est contraint ou à se servir des voitures de M. Versial, ou à aller à l'extrémité du sable, sur des rocs inconnus et réputés dangereux, exposer ses jours.

Cet arrêté a excité un tel mécontentement dans la ville, qu'il ne faut rien moins que le bon esprit qui distingue les habitans, pour les engager à s'y soumettre jusqu'à ce que leurs réclamations aient été entendues de l'autorité supérieure.

La loi n'a investi et n'a pu investir M. le Maire que du droit de prescrire les mesures à observer dans l'intérêt de la décence publique, comme obliger les baigneurs à porter un caleçon; faire une ligne de démarcation entre l'emplacement destiné aux femmes et celui destiné aux hommes.

Ainsi, en accordant à M. Versial un privilège prohibé par le pacte fondamental, M. le Maire a non seulement outre-passé ses pouvoirs, mais encore usurpé les prérogatives du Roi, en disposant des domaines que les lois reconnaissent appartenir à la Couronne. (*Ordonnance d'août* 1681.)

Il est donc facile de prouver que l'arrêté de M. le Maire,

1°. Est une violation manifeste des lois du royaume ;
2°. Qu'il devient destructif de toute concurrence ;
3°. Qu'il rend M. Versial maître absolu de la plage ;
4°. Enfin, qu'il est injuste à l'égard du particulier, qui a formé le premier établissement de bains de mer à Boulogne, et à qui la ville doit plus de reconnaissance qu'à M. Versial.

L'arrêté est une violation manifeste des lois du royaume, parce que ces lois ont aboli les privilèges, et qu'il en crée un en faveur de M. Versial.

Il est juste de réduire les prétentions de ce Monsieur à leur juste valeur. M. Versial réclame de grandes exceptions, en se parant de son amour pour le bien public, pour l'intérêt de la ville. Quel est donc cet amour? M. Versial a conçu l'idée d'élever sur le bord de la mer un établissement dont les salons devaient attirer les étrangers. M. Versial a obtenu à cet effet la cession d'une très-grande étendue de terrain ; il a formé son établissement en empiétant de beaucoup sur les avenues de la mer, et il le gère lui-même dans son intérêt privé ; l'entrée en est interdite à plus des dix-neuf vingtièmes de la population, et certes il ne peut prétendre que ce soit pour le bien général.

L'arrêté est destructif de toute concurrence, parce que la plage spécialement donnée en monopole à M. Versial, est la seule où l'on puisse se baigner, et que nulle voiture, autre que celles de M. Versial, ne peut y stationner. Les prix, avant ce privilège, étaient à raison de 1 fr. sans abonnement, et 75 centimes par abonnement ; M. Versial les a portés à 1 fr. 50 centimes sans abonnement, et 1 fr. 25 centimes avec abonnement : c'est plus que doublé. Des maîtres de collége n'ont pu obtenir pour leurs élèves une modération de prix, et les particuliers n'ont plus la faculté de se servir de leurs propres voitures. Tel est l'amour du bien public qui anime M. Versial.

L'arrêté rend M. Versial maître absolu de la plage, en ce qu'il lui met en mains le pouvoir de pemettre ou de ne pas permettre au public de prendre des bains. Le service même qu'il a entrepris est singulièrement négligé : la raison en est simple, la concurrence n'excite plus son activité. Il n'a pas le nombre de chevaux nécessaires pour utiliser ses voitures-baignoires, et cependant beaucoup de personnes attendent des heures entières leur tour de prendre des bains. Elles restent exposées à un soleil brûlant, et souvent s'en retournent impatientées. Cette tactique se conçoit; M. Versial veut par-là les forcer à s'abonner aux salons de l'établissement, où elles attendraient plus commodément ; il ne néglige l'intérêt général que pour mieux servir son intérêt personnel.

L'arrêté est injuste à l'égard du particulier qui a formé le premier établissement en ce genre, parce qu'il lui enlève le fruit de son industrie, et la récompense de ses travaux.

On prétend que M. Versial a *traité* avec les autres entrepreneurs de voitures-baignoires, et les a désintéressés. Le mot *traité* est-il réellement celui qui convient ?

M. Versial, non content d'avoir obtenu la cession d'un grand terrain au bord de la mer, a voulu avoir le monopole des bains; et afin de rendre cette mesure moins attentatoire aux droits publics, il a loué pour un certain temps les voitures-baignoires des autres entrepreneurs, et aussitôt que ses actes ont été en règle, est apparu l'arrêté qui, en prévenant une nouvelle entreprise, dépouille de leur propriété les plus anciens entrepreneurs, dont les engagemens avec M. Versial vont bientôt expirer, et qui se trouveront alors dans l'impossibilité d'exercer leur industrie.

M. Versial n'a pas borné ses désirs, et à la cession obtenue, et au privilège concédé; il a jeté un œil de convoitise sur le budget de ville, et, toujours pour l'intérêt général, une allocation annuelle de plusieurs mille francs lui avait été accordée; mais l'autorité supérieure l'a rejetée.

En résumé, M. Versial a obtenu, par la cession du terrain qui lui a été faite, tout ce qui pouvait raisonnablement lui être accordé à titre de récompense ou encouragement. Il conduit son entreprise dans son intérêt privé; c'est une spéculation dont il doit courir les chances sans qu'il soit possible de les lui rendre favorables en froissant les intérêts publics; d'ailleurs les nombreuses souscriptions qui ont couvert ses registres, malgré ses refus d'y admettre les noms de plusieurs personnes recommandables, lui ont prouvé l'intérêt que les habitans de Boulogne portaient à son établissement.

Un cri général s'est élevé contre l'arrêté que l'on a surpris à la religion d'un Maire estimé de tous ses administrés, et dont on apprécie la sollicitude pour le bien public; mais enfin cet état de choses ne peut durer, et sans doute il suffira d'en signaler les abus à l'autorité supérieure, pour que justice soit rendue à une population entière qui la réclame.

C'est dans cet espoir, Monseigneur, que les soussignés adressent leurs observations à Votre Excellence, en la priant d'agréer

L'assurance de leurs profonds respects.

(*Suivent les signatures.*)

Boulogne, 7 août 1827.

A S. E. LE MINISTRE DE L'INTÉRIEUR.

Monseigneur,

J'ai l'honneur de transmettre à Votre Excellence, une réclamation de quatre-vingt-quinze Citoyens, et Anglais résidant à Boulogne, contre le monopole des *Bains Versial*, établi par arrêté du Maire de Boulogne, du 17 avril dernier.

Je n'ai rien à ajouter aux détails de fait contenus dans la pétition dont il s'agit : mais il m'appartient d'éclairer l'autorité supérieure sur l'exercice de pouvoir renfermé dans cet arrêté.

Les monopoles sont formellement interdits par la législation et le droit public du Royaume; parce qu'ils sont contraires aux droits de tous, et qu'ils ont pour effet de restreindre le droit de travailler, qui dérive de la loi naturelle, et qui est la condition de notre existence (*Édit de Louis XVI de* 1776, art. 2 et 7 *de la loi du* 17 *mars* 1791, abolitifs des jurandes et maîtrises); or il y a monopole accordé à M. Versial, lorsque par l'art. 4 de l'arrêté, M. le Maire interdit aux baigneurs qui ne se servent pas des voitures de M. Versial, tout l'espace compris entre le mur de Machicouly et le premier Banc-du-tuf, puisque la plage n'est pas praticable ailleurs pour les baigneurs.

L'art. 5 porte que les voitures des dames sont conduites à la mer dans l'emplacement voisin du mur de Machicouly; mais il n'y a pas de ligne déterminée; et comme d'ailleurs, les voitures des hommes doivent être conduites dans la partie qui touche au Banc-du-tuf, et que l'espace intermédiaire de 50 mètres est interdit à tout le monde, il s'ensuit qu'il ne reste pas de place pour les baigneurs qui ne veulent pas se servir des voitures de M. Versial, ou qui ne peuvent pas payer la rétribution excessive que M. le Maire a établie.

Qu'il soit défendu aux baigneurs de l'approche de 5o mètres des baigneuses, c'est une mesure conforme à la décence et à l'honnêteté publique ; mais alors les voitures des dames devaient être parquées dans une circonscription déterminée. Or il n'y a point de limite fixée dans l'arrêté.

Interdire aux Baigneurs munis de caleçons l'approche des voitures des hommes à une distance moins de 3o mètres, est une mesure complettement ridicule, que la décence n'exige pas, et n'est qu'un prétexte pour couvrir le monopole, et pour rejeter les Baigneurs qui n'ont pas le moyen de payer la rétribution, à 3o mètres au de-là du premier Banc-du-tuf ; c'est-à-dire là ou leur vie est en danger. Cette prohibition, si elle était maintenue, occasionnerait des accidens, déjà trop fréquens à Boulogne.

Par l'article 8 de son arrêté, M. le Maire dit que personne ne pourra établir de voitures de bains sur la plage, sans son autorisation, et qu'il n'accordera cette autorisation qu'aux individus qui lui présenteront des garanties suffisantes, et dans tous les cas, que la partie qui leur sera assignée, sera prise après le premier Banc-du-tuf.

Monsieur le Maire n'a pas le droit d'exiger des garanties indéterminées ; celui dont les voitures ont la dimension convenable, et qui sont conduites par un baigneur connaissant la plage, doit pouvoir exercer son industrie concurremment avec M. Versial, et sur la même Plage, ou il y a un monopole et violation des principes du droit public.

Il y a tellement monopole, que M. le Maire, pour en éviter les inconvéniens, a imposé au sieur Versial un tarif pour le prix des bains.

Mais le tarif n'a rien d'obligatoire ; est-ce que les Maires ont droit de taxer autre chose que le pain et la viande ? S'il plaisait à M. Versial de ne pas prêter ses voitures à moins de 55 sous, pourrait-il être condamné par les tribunaux, comme ayant enfreint l'arrêté municipal? Évidemment non; les tribunaux ne peuvent appliquer les réglemens municipaux que dans ce qui se rapporte à la police et au maintien de l'ordre public.

Dernièrement le Maire de la ville de Laon a établi un monopole pour l'apposition des affiches; un avoué de cette ville, sans s'arrêter à la prohibition, a fait apposer des affiches; poursuivi devant le tribunal de police pour cette infraction, il a été acquitté. Le commissaire de police s'est pourvu en cassation; mais sur notre plaidoirie, est intervenu, sous la présidence de M. de Portalis, un arrêt par lequel la cour considérant que le Maire de Laon n'avait pas eu le droit d'établir un monopole, a rejeté le pourvoi (*arrêt du mois de juillet* 1827).

Le Maire du Hâvre avait établi des inspecteurs à la boucherie, et leur avait attribué une rétribution sur les bouchers; ceux-ci refusèrent de payer; condamnés par le tribunal de police, ils se sont pourvus en cassation; et par arrêt de la section civile, au rapport de M. Henry la Rivière, en 1823, le jugement a été cassé.

Il en sera de même de tout Baigneur qui, sans égard à l'arrêté du Maire, ira se baigner, muni de caleçon, sur la plage, ou avec des voitures sur la plage.

Le contraire a été jugé contre la femme Caboche, par le tribunal de Boulogne, à l'égard d'un conducteur de voitures. Il a été décidé que l'arrêté du Maire était exécutoire pour les tribunaux, jusqu'à ce qu'il fût rapporté par Votre Excellence.

Mais de ce que la femme Caboche n'a pas pu faire les frais d'un pourvoi en cassation, il ne s'ensuit pas que l'arrêté du Maire soit légal, et qu'il n'ait pas outre-passé les pouvoirs qu'il tient de la loi.

Son arrêté est motivé sur les *numéros* 1. 2 et 3 *de l'article* 5, *titre XI de la loi du* 24 *août* 1790.

Le numéro premier de cet article ne s'applique qu'aux rues, quais, places et voies publiques. Les rivages de la mer ne rentrent pas dans cette catégorie. Ainsi la première partie de cette citation est fautive.

Le numéro 2 est relatif aux rixes et disputes dans

les rues, au tumulte excité dans les lieux d'assemblée publique, aux bruits et attroupemens nocturnes qui troublent le repos des citoyens.

Cette disposition est encore évidemment inapplicable.

Le numéro 3, charge les corps municipaux de veiller au maintien du bon ordre, dans les endroits où il se fait de grands rassemblemens d'hommes, tels, que foires, marchés, réjouissances et cérémonies publiques, spectacles, jeux, cafés, églises et autres lieux publics.

Les plages ne sont pas comprises dans cette énumération. La raison en est simple, elles dépendent de l'Administration de la marine, qui seule en a la police et la surveillance. Ainsi le Maire de Boulogne, dont le pouvoir expire là où s'arrête le flot de la mer, a commis une usurpation de pouvoir, que l'on serait autorisé à dénoncer à l'Administration de la marine.

Que si, en effet, cette Administration, pour venir au secours des pauvres marins (et c'est ici le cas), les autorisait à établir des voitures sur la plage, de quel droit M. le Maire viendrait-il paralyser l'action de l'Administration de la marine. Est-ce que la police des pêcheurs lui appartient ? évidemment non.

Mais, disent M. le Maire ou les partisans de M. Versial, il est de fait qu'il se réunit un assez grand nombre de personnes sur la plage; l'autorité municipale a droit de maintenir le bon ordre parmi ces personnes, et de faire respecter la décence et l'honnêteté publique parmi les baigneurs.

Eh bien ! supposons que le pouvoir d'un Maire s'étende jusqu'au domaine de la mer (ce qui ne résulte d'aucune disposition législative), supposons que le concours des baigneurs soit assez grand pour mériter la qualification de *grand rassemblement*, qui est l'expression légale ; supposé dès lors que l'intervention du magistrat de police soit nécessaire, nous demanderons en quoi l'ordre et la pudeur publique sont intéressés à ce que M. *Versial* soit, *exclusivement* à tous autres, chargé de procurer des voitures et des emplacemens de bain ;

En quoi l'ordre public et la décence seront blessés

s'il y a concurrence de voitures, et si les baigneurs en caleçon peuvent s'approcher à moins de 50 mètres des baigneurs libres et privilégiés : c'est-à-dire qu'il a spéculé.

Qu'importe cela à M. le maire ? Les lois l'ont-elles institué pour assurer le succès de la spéculation, et s'il fait servir son pouvoir à favoriser cette spéculation aux dépens d'autrui, n'aurait-on pas le droit de supposer qu'il participe aux bénéfices.

Voilà à quel soupçon s'expose un Administrateur qui fait plus qu'il ne doit.

M. le Maire dit dans son arrêté, qu'il est urgent de prévenir des accidens, et de procurer aux baigneurs la sécurité et la commodité.

Quant aux *accidens,* que M. le Maire fasse indiquer les endroits de la plage qui sont dangereux ; qu'il exige en outre que les conducteurs de voitures connaissent cette plage.

Voilà où s'arrête son pouvoir.

Quant à la *commodité,* ce n'est pas son affaire.

Si la ville de Boulogne avait délibéré de former un établissement pour les étrangers, M. le Maire en serait l'administrateur, il pourrait dans ses arrêtés parler de commodité, fixer un tarif pour ceux qui le fréquenteraient.

Mais il ne pourrait pas établir de *monopole,* même au profit de la communauté des habitans, sur les étrangers ; à plus forte raison ne le peut-il pas pour M. Versial.

Qu'importe donc que M. Versial ait fait élever des constructions sur des plans préalablement fournis à l'administration municipale, et approuvés par elle. On doit faire des vœux pour que sa spéculation soit bonne ; mais il faut qu'elle devienne telle par des moyens légitimes, et non par un abus de pouvoir.

Les N°. 1, 2 et 3 de l'art. 3 de la loi de 1790, ni l'art. 46 de celle du 22 juillet 1791, ne conféraient pas au Maire de Boulogne, le pouvoir d'établir ce monopole.

Le Roi lui-même, avec toute sa puissance, ne l'aurait pas.

C'en est assez pour démontrer la nécessité de rapporter l'arrêté de M. le Maire, du 17 avril 1827, qui a été mal à propos approuvé par le Secrétaire-général délégué de la préfecture, en l'absence du Préfet.

Signé ISAMBERT,

Avocat aux Conseils du Roi et à la Cour de Cassation.

Envoyé au Ministre de l'Intérieur, le 21 Août 1827.

Abbeville, Imprimerie de H. DÉVÉRITÉ, rue St.-Gilles.

www.ingramcontent.com/pod-product-compliance
Lightning Source LLC
Chambersburg PA
CBHW070437080426
42450CB00031B/2702